Les merles

Melvin et Gilda Berger

Texte français d'Alexandra Martin-Roche

Éditions
SCHOLASTIC

Photographies : Couverture : Alan & Sandy Carey/Photo Researchers, New York; p. 1 : R. Kopfle/Bruce Coleman Inc., New York; p. 3 : Alan & Sandy Carey/Photo Researchers; p. 4 : Maslowski/Photo Researchers; p. 5 : Arthur Morris/Birds As Art, Indian Lake Estates, FL; p. 6 : Maslowski/Photo Researchers; p. 7 : A. N. Rider/Photo Researchers; p. 8 : R. Kopfle/Bruce Coleman Inc.; p. 9 : David Boyle/Animals, Animals, Chatham, NY; p. 10 : Bruce Coleman Inc.; p. 11 : Jeff Foott/Bruce Coleman Inc.; p. 12 : S. Nielsen/Bruce Coleman Inc.; p. 13 : S. Nielsen/Bruce Coleman Inc.; p. 14 : Alan & Sandy Carey/Photo Researchers; p. 15 : Maslowski/Photo Researchers; p. 16 : Steve Solum/Bruce Coleman Inc.

Conception graphique du livre : Annette Cyr

Catalogage avant publication de Bibliothèque et Archives Canada

Berger, Melvin
Les merles / Melvin et Gilda Berger ;
texte français d'Alexandra Martin-Roche.

(Lire et découvrir)
Traduction de: Robins.
Niveau d'intérêt selon l'âge: Pour les 4-6 ans.

ISBN 978-0-545-98244-3

1. Merle d'Amérique--Ouvrages pour la jeunesse.
I. Berger, Gilda II. Martin-Roche, Alexandra III. Titre.
IV. Collection: Lire et découvrir

QL696.P288B47314 2009   j598.8'42   C2009-901698-2

Édition publiée par les Éditions Scholastic, 604, rue King Ouest, Toronto (Ontario) M5V 1E1

5 4 3 2 1   Imprimé au Canada   09 10 11 12 13

© Sources Mixtes
Groupe de produits issu de forêts
bien gérées, de sources contrôlées
et de bois ou fibres recyclés.
www.fsc.org Cert no. SW-COC-002520
FSC © 1996 Forest Stewardship Council
2%

C'est l'automne.

Info-merles
Chaque automne,
de nombreux merles quittent
les endroits froids pour
s'envoler dans les
pays chauds.

De nombreux merles se rassemblent.

Lorsqu'il commence à faire froid,
les merles s'envolent vers le sud.

Info-merles
Les merles que tu vois
l'hiver viennent du nord.
Ils sont différents
des merles que tu
vois l'été.

C'est l'hiver.

C'est difficile de trouver
de la nourriture.

C'est le printemps.

Info-merles
Les merles retournent
au même endroit chaque
printemps.

Les merles construisent leurs nids.

Info-merles
La maman merle couve ses œufs pendant environ 2 semaines.

La maman merle pond environ 4 œufs.

Les œufs éclosent.

Info-merles
La mère et le père apportent de la nourriture aux bébés.

Les bébés merles ont très faim.

Les jeunes merles apprennent
vite à voler.

Info-merles
Les merles mangent
des vers, des fruits
et des insectes.

C'est l'été.

Les merles aiment rester au frais.

Chante, beau merle, chante!